HALLOWEEN ACTIVITY BOOK

This Book For

____

____

____

HALLOWEEN PUPMKIN COUNTING 1-10

I can see

Pumpkin

I can see

....

Pumpkins

I can see

....

Pumpkins

I can see

....

Pumpkins

I can see

....

Pumpkins

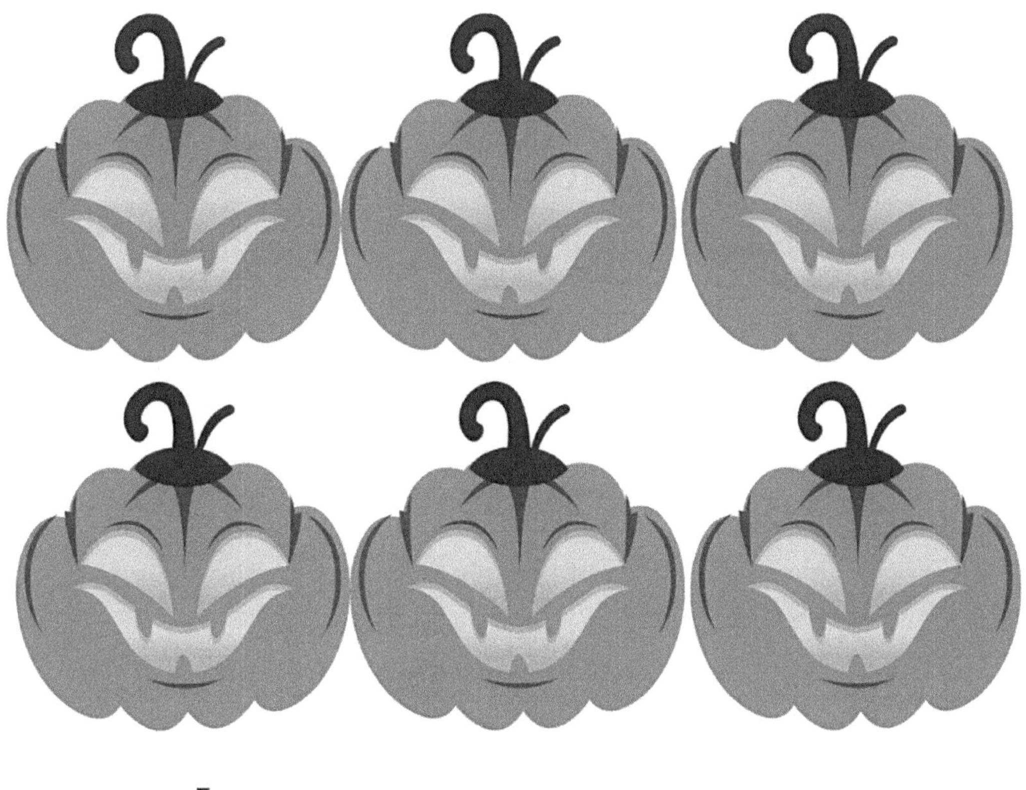

I can see

....

Pumpkins

I can see

....

Pumpkins

I can see

. . . .

Pumpkins

I can see

....

Pumpkins

FIND THE WORDS

```
C  D  P  I  A  D  M  J  F  G
E  O  Q  O  P  V  T  E  A  B
O  Q  B  M  M  G  Z  K  N  F
B  K  D  W  L  U  G  I  T  W
Y  U  C  H  H  T  M  R  A  G
C  M  R  O  I  S  S  Y  S  O
O  N  O  W  W  L  J  G  T  O
W  O  O  O  L  G  L  Z  I  S
A  G  S  U  L  X  I  U  C  E
R  A  L  E  A  G  D  R  K  B
D  R  A  R  N  H  W  A  L  U
L  D  X  N  V  O  Z  L  I  M
Y  C  V  U  H  L  B  N  K  P
F  I  L  L  N  R  L  Y  K  S
H  I  N  J  Y  Y  V  K  U  W
```

Word List

BONES	COWARDLY	COWGIRL	DRAGON
FANTASTIC	FILL	GLOOMY	GOOSEBUMPS
GUTS			

FIND A WAY TO THE CAULDRON

CONNECT THE MATCHING PARTS TOGETHER

FIND THE WORDS

```
J  O  O  T  C  L  L  H  K  J
D  F  S  S  B  S  W  N  A  M
T  U  P  Z  N  X  F  Z  E  W
H  K  P  O  P  C  O  R  N  L
E  E  N  O  N  W  O  I  O  A
R  Q  B  G  U  U  W  O  D  R
M  V  K  G  T  Z  X  W  W  U
O  O  L  F  E  T  J  L  E  T
M  Y  I  X  F  F  O  C  S  A
E  T  U  W  E  N  N  H  S  N
T  Z  D  X  V  I  R  D  L  R
E  Q  Y  U  R  I  O  I  P  E
R  U  X  P  E  J  H  M  F  P
W  Z  H  K  K  Q  D  W  R  U
C  A  Q  H  I  D  E  O  U  S
```

Word List

HIDEOUS	OUTFIT	OWL	POPCORN
PRINCE	SHRIEK	SUPERNATURAL	THERMOMETER
UGLY			

CUT THE PUMPKIN IN DOTTED AREAS

FIND THE WORDS

C L C A N D Y I Y M
D N E S N U B T L I
R E W N N F N L Y G
T G C H Z U B S Y O
O A L O A D A O L X
T L F J R T A U N H
D M S B N A S Y O Y
H U U A W Y T J C M
O X F L J P J I U M
W H U L S U N R N Q
L I B E L E X A Y G
I C G R D K K O G L
N F M I Z A R Z S F
G T B N D M Y Y T Y
P E E A E Z T J V Y

Word List

BALLERINA   BONY   BUNSEN   CANDY
DECORATING   FANTASY   HOWLING   JAUNTY
MAKEUP

FIND THE WAY TO THE CASTLE

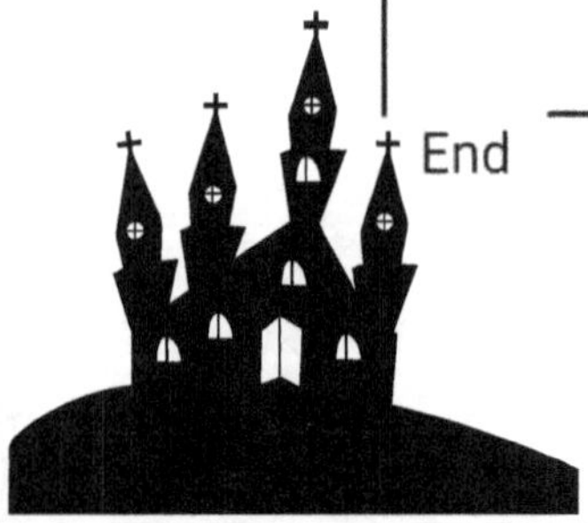

CONNECT THE MATCHING
PARTS TOGETHER

GUIDE THE GHOST THROUGH THE MAZE

Start

End

COLOR THE PUMPKINS ACCORDING TO THE INDICATED COLORS

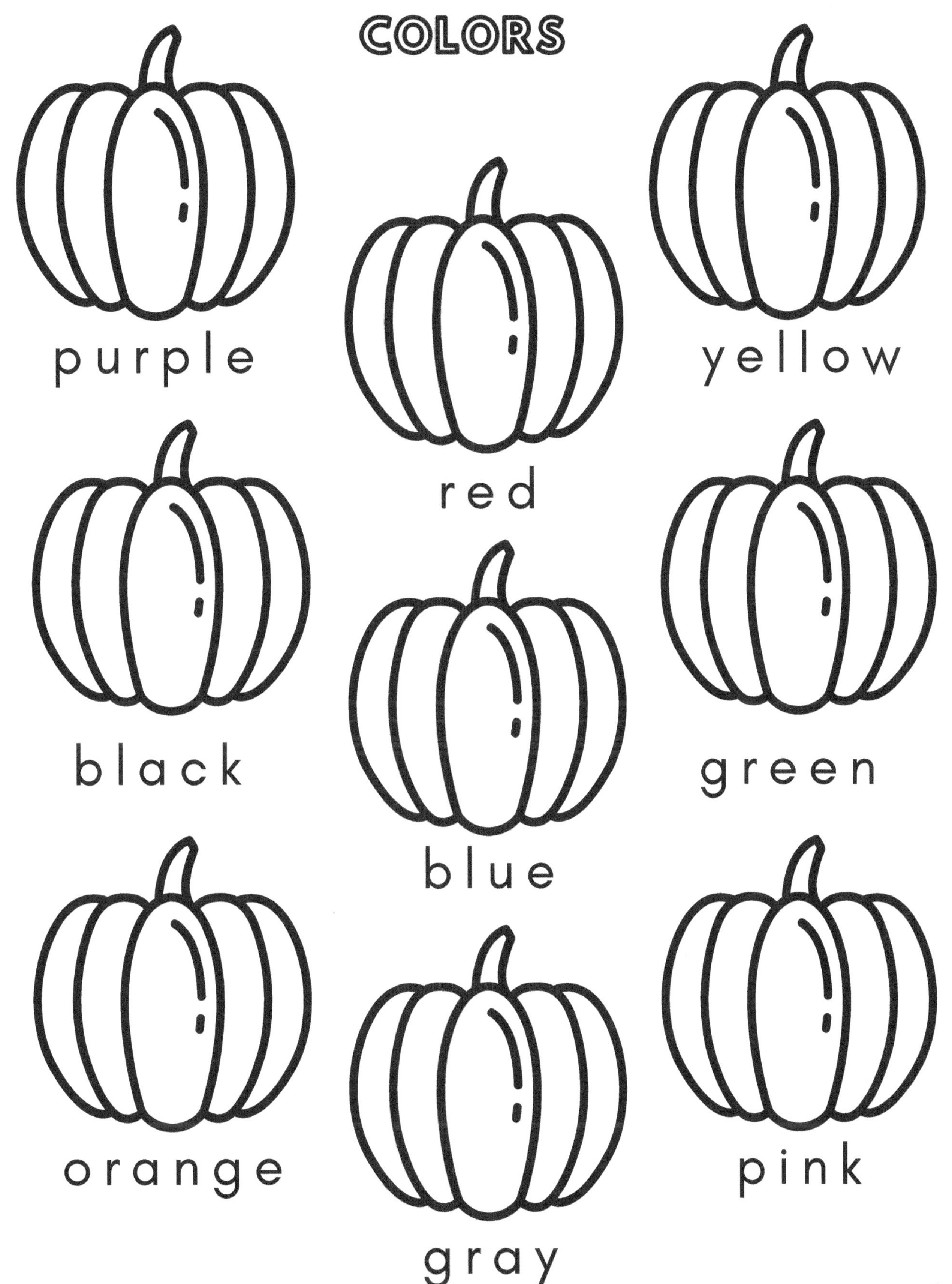

CREATE YOUR OWN MONSTER

FIND THE WORDS

```
I  A  P  T  R  L  A  L  E  T
R  E  K  T  V  P  C  P  N  A
T  V  T  S  V  D  S  P  L  Q
V  B  A  U  M  J  A  A  W  C
B  K  M  H  R  E  C  O  M  D
R  U  E  X  L  N  R  V  W  E
M  T  N  T  O  R  I  X  M  N
C  I  T  Z  I  R  F  P  Y  I
H  A  D  S  W  M  I  O  S  A
R  O  O  N  W  S  C  F  T  L
V  M  W  U  I  N  E  M  E  P
E  O  A  B  O  G  A  M  R  X
U  X  Y  S  X  C  H  V  Y  E
O  L  Y  O  G  Q  T  T  Z  N
E  Z  W  H  I  S  T  L  E  U
```

Word List

MIDNIGHT MYSTERY RATTLE SACRIFICE
SIBYL TURNIP UNEXPLAINED WHISTLE
WORRISOME

LEAD THE BAT THROUGH THE MAZE TO THE FOREST

FIND 7 DIFFERENCES AND COLOR THE PICTURE

FIND THE WAY TO THE PUMPKIN

CONNECT THE MATCHING
PARTS TOGETHER

FIND THE WORDS

```
F  G  D  C  I  S  H  U  B  X
J  Z  V  I  Q  T  J  S  N  P
U  U  Q  G  P  C  S  U  J  E
L  D  M  A  T  O  U  S  G  K
C  M  L  M  S  E  V  R  A  C
G  N  I  T  S  R  U  B  Y  E
N  O  I  T  I  R  A  P  P  A
I  N  A  M  C  B  Z  T  A  U
R  S  L  Y  R  D  N  M  G  A
E  P  L  A  E  W  K  D  Y  U
T  O  U  H  A  V  Q  R  H  E
T  L  R  E  K  E  X  J  I  O
U  C  E  R  I  U  J  N  F  V
L  Y  P  Y  N  Q  E  J  M  P
F  C  O  U  G  G  S  P  F  H
```

Word List

ALLURE	APPARITION	BURSTING	CARVE
CREAKING	CYCLOPS	FLUTTERING	GENIE
MAGIC			

CONNECT THE MATCHING PARTS TOGETHER

HOW FUNNY IS THE PUMPKIN? NAME AND COLOR THE PUMPKINS

FIND THE WORDS

```
Y  B  E  R  O  F  R  J  H  V
G  O  V  P  W  A  W  Z  C  X
D  V  R  R  C  S  H  Y  C  Q
P  F  Q  C  G  A  O  K  H  S
N  E  O  W  R  W  O  J  J  Q
G  O  K  V  P  R  S  A  R  E
N  H  E  A  E  M  H  Q  U  K
V  S  E  D  T  W  I  I  N  S
T  Q  I  R  P  S  N  U  H  G
U  P  V  R  Z  X  G  I  N  R
S  U  N  D  E  A  D  I  T  Y
W  I  Z  A  R  D  K  F  N  F
C  C  S  A  J  A  Z  A  R  V
E  A  S  U  R  V  Z  B  K  N
R  E  A  N  I  M  A  T  E  D
```

Word List

HARVEST	RACCOON	RAKING	REANIMATED
SPIDER	STAKE	UNDEAD	WHOOSHING
WIZARD			

GUIDE THE OWL THROUGH THE MAZE

Start

End

FIND THE WORDS

```
G R A V E S T O N E
H A U D D D O C F F
S N W Q I E X C I R
X A V X S C M O G A
J T K F G O R S A N
G R E N U M T T B K
C Y O I S P Q U A E
B M L B T O M M T N
E U C Y I S Y E T S
A F B K N I L D L T
G L I B G N K C I E
L B Y T L G L N N I
G P S T E I N R G N
Q C P E K Y N Y M U
V B E A S T S G X L
```

Word List

BATTLING   BEASTS   BUBBLING   COSTUMED
DECOMPOSING   DISGUSTING   FRANKENSTEIN   GNOME
GRAVESTONE

HELP THE SPIDER FIND THE COBWEBS

CONNECT THE MATCHING PARTS TOGETHER

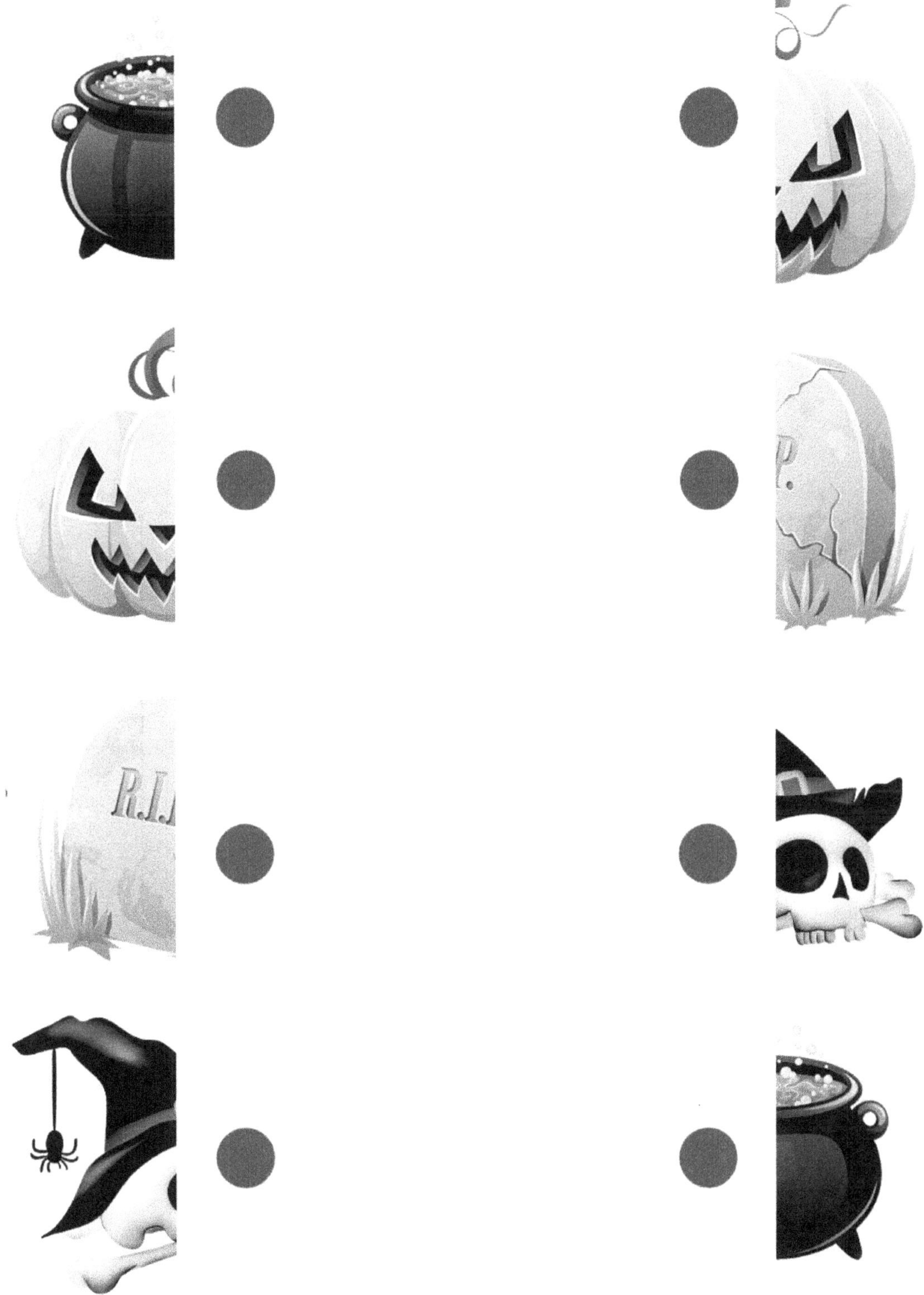

LEAD THE BIRD THROUGH THE MAZE TO THE WITCH

Start

End

FINISH YOUR PUMPKIN FOR HALLOWEEN

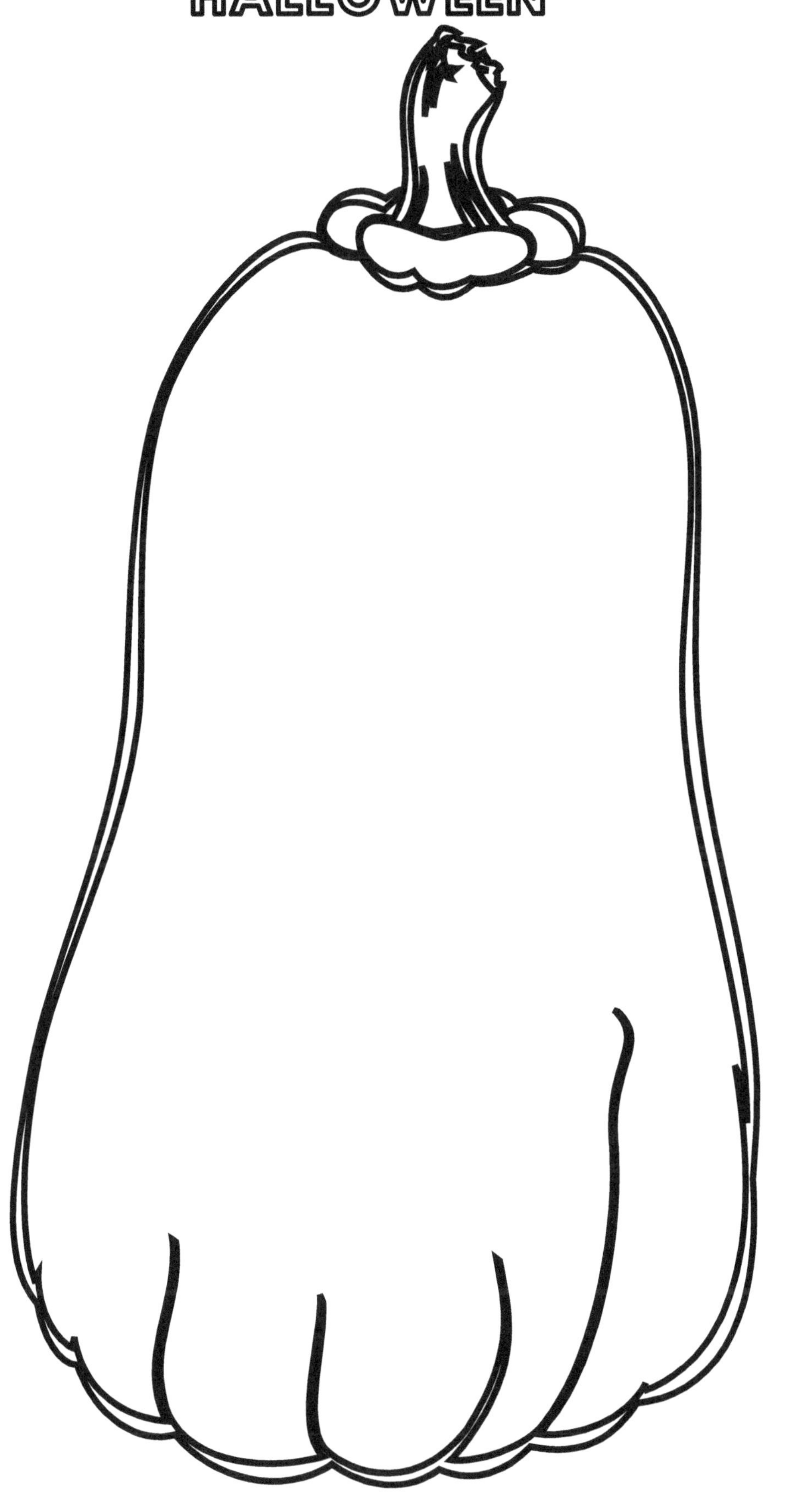

HELP THE CAT CATCH THE MOUSE

Start

End

FIND THE WORDS

```
N  R  S  C  R  E  E  C  H  P
P  R  A  N  K  S  T  E  R  E
G  K  A  K  L  R  V  A  S  T
M  I  P  U  Y  F  J  S  U  R
W  B  N  J  G  M  N  O  P  I
I  B  K  I  L  K  P  I  E  F
T  N  W  M  M  S  K  L  R  Y
C  N  I  A  L  L  I  V  V  I
H  I  T  A  H  B  E  N  I  N
C  W  Y  R  M  I  I  O  S  G
R  I  F  C  I  K  X  O  I  L
A  E  O  G  P  C  H  D  O  M
F  E  Q  M  Q  W  K  F  N  Z
T  K  U  G  M  Q  I  A  R  N
T  P  L  L  Z  K  Z  Y  H  M
```

Word List

PETRIFYING	PRANKSTER	PUMPKIN	SCREECH
SUPERVISION	TRICK	VILLAIN	WIG
WITCHCRAFT			

CUT OUT THE BATS AND HANG THEM IN THE ROOM